Für Indigo und Nhimo

Tamara Bos

Papa, hörst du mich?

Mit Zeichnungen von Annemarie van Haeringen

Aus dem Niederländischen
von Ita Maria Berger

Verlag Freies Geistesleben

Der liebste Papa der Welt

Papa liegt im Zimmer.
Nicht oben in seinem eigenen Bett.
Unten, im Wohnzimmer.
In einem Bett vom Krankenhaus.
Das dürfen wir nicht behalten, hat Mama gesagt.
Nur leihen.
Papas Augen sind geschlossen. Er spricht nicht.
Nicht mit mir. Nicht mit Dajo.
Und auch nicht mit Mama.
Aber er hört mich. Er hört, was ich sage.
Nicht wahr, Papa? Hörst du mich?
Ich bin es, Polle.

4 Es ist schon sehr still, jetzt, wo du nichts mehr sagst.
Mama und Dajo sind auch still.
Genau wie damals, als du so krank warst.
Und wir flüstern mussten, weil du schliefst.
Jetzt schläfst du nicht, aber es sieht genauso aus.
Ich spiele alleine Stratego.
Das geht eigentlich nicht.
Darum stelle ich nur die Figuren ordentlich auf.
Rot zu Rot.
Und Blau zu Blau.
Das ist auch nicht schlecht.
Dajo ist in seinem Zimmer, er sitzt vor dem Computer.

Mama ruft Freundinnen an.
Und Tanten.
Das sind eigentlich deine Schwestern, stimmt doch, Paps?
Sie kommen gleich.
Deine Schwestern. Alle.
Und Oma auch. Deine Mutter also.
Sie kommen, um zu helfen.
Ich weiß nicht, wobei, aber sie kommen, um zu helfen.
Unterdessen sitze ich hier.
Um zu erzählen, was so passiert.
Und was passiert ist.

Der Aufzug im Krankenhaus

6 Das Bett vom Krankenhaus kam eines Tages.
An einem ganz normalen Tag, als ich aus der Schule kam.
Du lagst auf der Couch.
Da lagst du in letzter Zeit meistens,
wenn ich aus der Schule kam.
Dann eine ganze Weile nicht.
Da lagst du im Krankenhaus.
Dort konnten sie sich besser um dich kümmern, sagte Mama.
Aber ich war mir nicht sicher, ob das wirklich wahr war.
Du sahst nicht gut aus.
Und du warst auch nicht mehr fröhlich.
Zu Hause machtest du noch manchmal Witze.

Aber im Krankenhaus warst du sehr still.
Das fand ich überhaupt nicht schön.
Zum Glück gab es im Krankenhaus zwei große Aufzüge.
Es gab immer einen, mit dem ich fahren konnte.
Tschuuum – nach oben.
Und dann wieder ganz schnell nach unten.
Davon kriegt man so ein tolles Gefühl im Bauch.
Eigentlich war es nicht erlaubt.
Aber ich habe es trotzdem gemacht.
Dann brauchte ich einen Moment lang nicht an dich zu denken.
Und daran, dass du krank warst.
Dann spürte ich nur das Kribbeln in meinem Bauch.
Das gefiel mir.
Manchmal blieben wir sehr lange zu Besuch im Krankenhaus.
Und manchmal sehr kurz.

8   Das hing davon ab, wie du dich fühltest.
Eines Tages sagten sie, dass du nach Hause dürftest.
Ich war froh.
Du fuhrst im Aufzug mit nach unten.
Bekamst du da auch ein Kribbeln im Bauch?
Ich glaube schon.
Mama musste im Auto ein bisschen weinen.
Als ich fragte, warum, sagte Dajo,
dass ich meinen Mund halten sollte.
Ich glaube, du warst bestimmt froh,
dass du wieder nach Hause durftest.
Denn die Haare der Krankenschwester
riechen nicht so gut wie die von Mama.
Stimmt doch, Paps?

Heute Nacht

Mama hat mich geweckt.

Das war komisch, denn es war noch gar nicht Morgen.

Es war noch Nacht.

Das konnte ich sehen, weil es noch dunkel war.

Mama drückte mich an sich. Ganz fest.

Ich bekam fast keine Luft mehr.

Aber ich konnte ihre Haare riechen.

Sie rochen gut. Sie rochen nach Mama.

Mama sagte nichts. Sie hielt mich nur fest.

Weit weg, unten, hörte ich Dajo schreien und weinen.

Ich schaute Mama an.

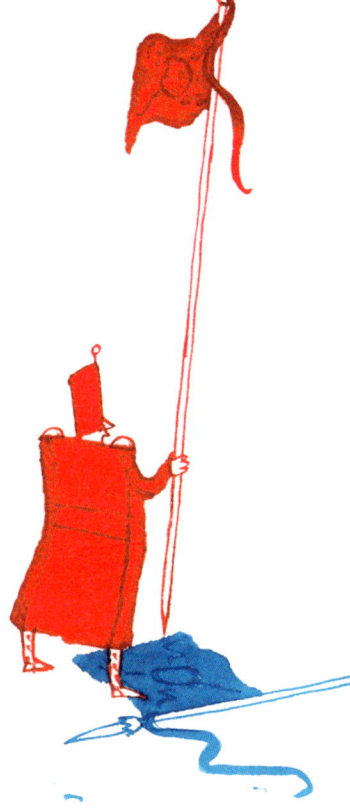

Ich sah die Tränen in ihren Augen.
«Papa ist nicht mehr da», sagte sie.
Das fand ich komisch, denn du konntest schon eine ganze
Weile nicht mehr laufen.
Wo warst du denn hingegangen?
Oder hatte dich jemand entführt?

Traurig ging ich die Treppe runter.
Aber als ich unten ankam, war ich wieder froh.
Mama hatte sich getäuscht.
Du warst überhaupt nicht weg.
Du warst einfach noch da. Ich sah dich liegen.
In deinem geliehenen Bett aus dem Krankenhaus.
Ganz still. Aber das war nicht schlimm.
Du lagst schon lange ganz still, seit du aus dem Krankenhaus
zurückgekommen warst.

Wir saßen neben dir.
Dajo musste weinen und Mama auch, und darum musste ich
auch wieder weinen.
So saßen wir da, bis es hell wurde.
Dann rief Mama in der Schule an, dass ich heute nicht käme.
Das fand ich eigentlich schade, denn wir wollten doch
Schlittschuh laufen gehen.
Mama ging in die Küche, um Kaffee zu kochen.
Und Dajo ging in sein Zimmer.
Ich dachte, dass er ein Computerspiel spielen würde.
Aber als ich an seiner Tür ins Zimmer schaute, sah ich,
dass er gar nichts tat.
Er schaute nur vor sich hin.
Mich sah er nicht.

Superlanges Stratego

12 Papa, weißt du noch, wie du mir erklärt hast, was in deinem
Körper passierte?
Du erzähltest von diesen fiesen kleinen Soldaten.
Soldaten, die alles kaputt machten.
Der Doktor gab dir eine Medizin, die gegen die Soldaten
ankämpfte.
Manchmal siegte die Medizin.
Manchmal siegten dann wieder die Soldaten.
Und dann siegte die Medizin.
Für immer.
So dachten wir.

Du fühltest dich wieder besser.

Mama besorgte einen Kuchen.

Alles wurde wieder normal.

Dachten wir.

Aber es gab noch einen kleinen Soldaten.

Der hatte sich sehr gut versteckt.

Und dieser kleine Soldat fing wieder an zu kämpfen.

Und dann kamen weitere kleine Soldaten.

Darum musstest du wieder die eklige Medizin nehmen.

Die musste mit diesen gemeinen Schurken kämpfen.

Eigentlich war es eine Art superlanges Stratego.

Stratego spielen macht meistens Spaß.

Aber das hier war nicht schön.

Das dauerte zu lang.

Niemand schien zu gewinnen.

14 Bis die Soldaten gewonnen haben.
Und du verloren hast.
Das fandest du sehr schlimm.
Und ich auch.
Verlieren mochtest du nicht.
Und ich auch nicht.
Meiner Meinung nach mag niemand gern verlieren.
Wenn einem Niederlagen nicht viel ausmachen,
ist man ein Blödmann.

Kondolieren

Die Türglocke läutet, hörst du das?
Sie läutet noch einmal.
Mama ruft von oben herunter.
Ich mache mal kurz auf, Papa.
Ich bin gleich wieder zurück.

Da bin ich wieder.
Da stand ein Mann vor der Tür.
Ein Mann in schwarzer Kleidung.
Keine coolen schwarzen Sachen, wie das schöne schwarze
Hemd von dir.
Das glänzende, weißt du?
Das sich so sanft anfühlt, wenn man drüberstreicht.
Nein, er hatte langweilige schwarze Kleidung.

Der Mann hatte auch so ein langweiliges Gesicht.
Als ob er nicht lachen könnte oder so.
Aber dann, als Mama dazukam, lächelte er doch ein wenig.
Und er sagte: «Kondoliere.»
Weißt du, was das bedeutet, kondolieren?
Mama und der Mann sitzen am Küchentisch.
Wenn ich mich ganz lang mache, kann ich sie sehen.
Dajo hat sich auch dazugesetzt.
Der Mann hat Papiere bei sich.
Und eine Mappe.
Sie sprechen über das Begräbnis.
Oder eigentlich die Kremation.
So heißt das doch, wenn sie dich verbrennen?
Du wolltest eine Kremation.
Das hast du selbst einmal erzählt.

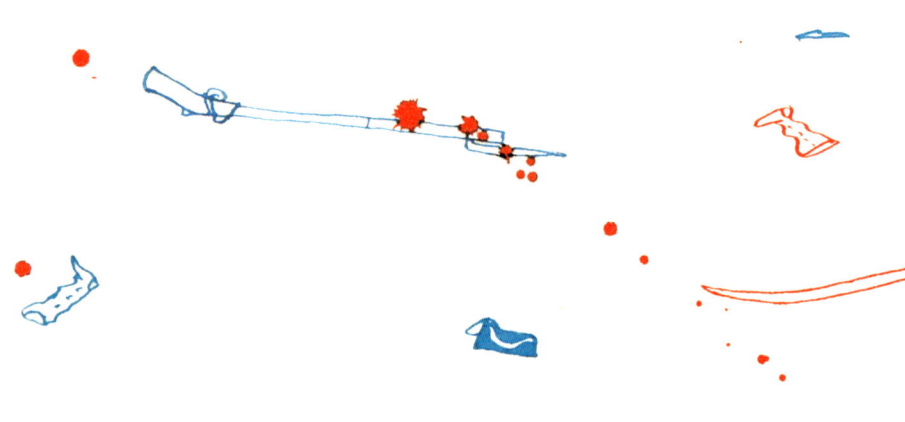

Weißt du noch?
Als wir zum Grillen bei Oma waren, da sagtest du es plötzlich.
Alle verstummten.
Niemand sagte mehr etwas.
Das fand ich sehr merkwürdig.
Du darfst doch wohl sagen, was mit dir passieren soll,
wenn du tot bist?

Der Jahrmarkt

18 Weißt du noch, Papa, als wir zum Jahrmarkt gingen?
Du, ich und Dajo.
Mama kam nicht mit. Jahrmarkt ist Männersache, fandest du.
Und so ist es auch.
Mama hält nichts von Schießen und Boxauto fahren und ganz
schnellem Herumwirbeln.
Wir schon, nicht wahr, Papa?
Wir haben Tauziehen gemacht, haben geschossen und auf
Büchsen geworfen.
Und überall haben wir einen Preis gewonnen.

Ich hatte so viele Preise, dass ich sie fast nicht tragen konnte.

Wusstest du da schon, dass du krank warst?

Ich nicht, ich wusste es nicht.

Und Dajo auch nicht, glaube ich.

Er lachte die ganze Zeit.

Genau wie du.

Du lachtest damals doch auch?

Wir gingen überall rein.

Das heißt, Dajo und ich.

Du nicht.

Die Krake fanden wir am schönsten.

Die sind wir zweimal gefahren.

Wir drehten uns rasend schnell im Kreis.

Vorwärts.

Und rückwärts.

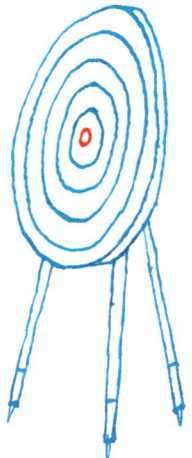

20   So schnell, dass sogar Dajo schreien musste.
Du standest am Rand und hast gewunken.
Und gelacht.
Ja, das weiß ich genau.
Du lachtest damals.

Ein Ding, das summt

Du liegst jetzt auf einem Ding, das summt.
Manchmal geht es an und manchmal geht es aus.
Ich weiß nicht, warum du darauf liegst.
Das bleibt so bis Montag.
Denn Montag gehst du weg.
Zur Kremation.
Dann werden sie dich verbrennen.
Das finde ich schon komisch.
Dann bist du wirklich ganz weg.
Aber wir bekommen ein kleines Gefäß, und dort kommst du
dann rein.
Dann haben wir noch etwas von dir, sagt Mama.

22   Aber wir haben ganz viel von dir.
     Ich habe dein altes Handy.
     Das kannst du jetzt ja nicht mehr benutzen.
     Darum finde ich es schön, dass ich es habe.
     Einfach, um es festzuhalten.
     Ich bin heute in der Schule gewesen.
     Die Lehrerin war sehr lieb.
     Und auch traurig.
     Das sah ich an ihren Augen.
     In der Klasse haben sie einen kleinen Tisch hergerichtet.
     Einen Tisch für dich.
     Wenn ich an dich denke, darf ich mich an diesen Tisch setzen.
     Ich habe dein Handy darauf gelegt.
     Und ein Foto von uns vieren auf dem Eis.
     Von damals, als es dir noch besser ging.

Mein Zahn

Weißt du noch, Papa, als wir Schlittschuh laufen gingen?
Mama, Dajo, du und ich?
Das ist schon ein Jahr her, glaube ich.
Damals war ich erst sechs.
Das kann ich auf dem Foto sehen, das über meinem Bett hängt.
Da hatte ich noch kleine Miniminizähnchen.
Es war kalt, als wir Schlittschuh liefen.
Und ich konnte es noch überhaupt nicht so richtig.
Ich wackelte immer.
Und manchmal fiel ich hin.
Aber nicht, wenn du mich festgehalten hast.
Dann ging es plötzlich.

«Links, rechts», sagtest du. «Links, rechts.»
Und so habe ich es dann gemacht.
Links, rechts.
Wir sind ein ganzes Stück zusammen gelaufen.
Über einen ganz großen See.
Und ich wurde ganz müde.
So müde, dass ich nicht mehr konnte.
Da bin ich hingefallen.
Ich blutete.
Mein Zahn hatte sich durch meine Lippe gebohrt,
weißt du noch?
Und dieser eine Zahn war danach nicht mehr so weiß.
Er ist abgestorben.
Das hast du selbst gesagt.
Und jetzt bist du tot.
Und mein Zahn ist raus.

Verrückt, was?

Er wackelte schon eine ganze Weile.

Gestern hing er noch an einem kleinen Faden.

Einem Faden aus Zahnfleisch.

Heute Morgen war der Zahn weg.

Er war nicht mehr in meinem Mund.

Er lag neben meinem Bett auf dem Boden.

Heute Abend lege ich den Zahn unter mein Kopfkissen.

Ich hoffe, dass die Zahnfee kommt.

Aber ich weiß es nicht sicher.

Alles ist jetzt anders, da du tot bist.

Dajo benimmt sich anders.

Mama schaut anders.

Das Haus riecht anders.
Aber ich denke, das kommt von den Blumen, die alle
mitbringen.
Es ist schade, dass du deine Augen geschlossen hast, Papa.
Sonst könntest du sie sehen.
All die schönen Blumen, die neben deinem Bett stehen.

Alle sind da

Tante Jetty ist gerade gekommen.
Sie hat auch Blumen mitgebracht.
Die stehen jetzt in einer Vase neben dir.
Riechst du sie?
Sie riechen nicht so gut wie Mamas Haare, aber anders gut.
Die Karten wurden auch gebracht.
Die Karten, auf denen steht, dass du tot bist.
Und wann wir dich bestatten werden.
Die Tanten sind auch da, um die Namen und Adressen auf die
Umschläge zu schreiben.

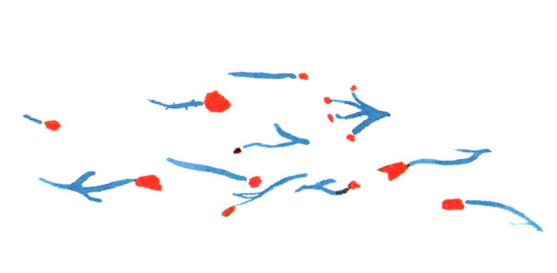

28   Ich brauche nicht zu schreiben.
Das wäre sowieso nicht leserlich.
Ich sitze neben dir.
Weil das jetzt noch geht.
Ich spiele mit meinem Gameboy.
Ich habe den Ton abgeschaltet.
Nicht, dass es dich jetzt stören würde, aber es sind
noch mehr Leute im Zimmer.
Eigentlich sind alle da.
Außer dir, sagt Mama.
Aber das finde ich nicht.
Denn du bist doch noch da.
Ich kann dich noch anschauen.
Und ich kann dich noch anfassen.

Oma sitzt mitten im Zimmer.
Ganz aufrecht.
Sie sagt nichts.
Mama sagt, dass es für eine Mutter das Allerschlimmste ist,
wenn ihr Kind stirbt.
Aber ich weiß nicht, ob das wahr ist.
Für ein Kind ist es auch sehr schlimm, wenn der Vater stirbt.
Vor allem, wenn er so ein Vater war wie du.

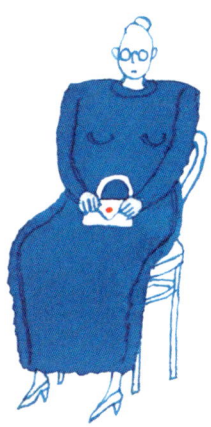

Pillen

Weißt du noch, Papa, wie du plötzlich krank warst?
Man konnte es nicht sehen.
Von außen sahst du ganz normal aus.
Und du hast mich noch ganz normal von der Schule abgeholt.
So krank warst du also auch wieder nicht.
Dachte ich.
Aber du warst doch krank.
Sehr krank.
Das hat Mama mir später erzählt.
Du warst nicht krank mit Husten und Schnupfen und so.
Du warst vor allem müde.
Sehr, sehr müde.
Der Doktor sagte, das käme daher, weil du krank seist.
Von innen.
Von außen sah man nichts.

Und trotzdem musstest du Pillen schlucken. Riesenpillen.
Ich könnte sie nicht mal runterschlucken, so groß waren die.
Und was das Schlimmste war – die Pillen machten dich
überhaupt nicht gesünder.
Sie machten dich krank. Viel kränker, als du zuerst warst.
Das fand ich komisch. Sehr komisch.
Hatte sich der Doktor vielleicht vertan?
Oder hatte er dir die falschen Pillen gegeben?
Du bekamst Probleme mit deinen Händen.
Und mit deinen Füßen.
Und dann konntest du auch nicht mehr so gut laufen.
Du hattest einen Stock.
Und dein Auto.

Denn Auto fahren, das ging noch.

Deshalb konntest du mich von der Schule abholen.

Und manchmal haben wir etwas Schönes unternommen.

Wir gingen ins Kino …

Oder …

Eigentlich gingen wir nur noch ins Kino.

Zum Jahrmarkt, das ging natürlich nicht mehr.

Fußball

Jetzt, wo du tot bist, traue ich mich, es zu sagen.
Manchmal fand ich es schade, dass du mein Vater warst.
Nicht oft, nur ganz manchmal.
Das war meistens auf dem Spielfeld.
Da warst du immer so aufgeregt.
Und dann standest du oft am Rand und hast geschrien.
Du hast nicht mich angeschrien, nein.
Sondern Dajo.
Dajo mochte das auch nicht.
Das sah ich an seinem Gesicht.

34 Wenn das Spiel vorbei war, dann hast du oft noch weiter- und weitergeredet.

Vor allem, wenn wir verloren hatten.

Dann hast du immer wiederholt, was schiefging und was wir hätten anders machen sollen.

Das fand Dajo nicht so toll.

Und ich auch nicht.

Oft hast du das unseren Gesichtern angesehen.

Und dann fingst du an zu lachen.

Das fand ich richtig gut von dir.

Dass du kapiert hast, dass wir das nicht so toll fanden.

Und dann war ich wieder sehr froh, dass du mein Vater warst.

Und das bin ich noch immer.

Verbrennen

Papa, hörst du mich?
Du liegst jetzt im Auto.
In dem Auto vor uns.
Ich wollte zu dir, aber der Mann hat es nicht erlaubt.
Das fand ich schon schade.
Aber so ist das manchmal.
Man ist nicht immer sein eigener Herr.
Das weißt du auch, Papa.
Wir fahren zum Krematorium.
Dort wirst du verbrannt.
Nicht alles von dir.
Nur dein Körper natürlich.

36   Das, was in deinem Kopf war, ist schon lange draußen.
Das fliegt herum.
Und es ist in meinem Kopf.
Und in Dajos Kopf.
Und in den Köpfen von allen, die dich lieb hatten.
Mama sagt, dass es nicht wehtut, das Verbrennen.
Wenn man noch lebt, dann natürlich schon.
Ich hielt gestern meinen Finger in die Kerze,
die neben dir stand.
Na, das tat ganz schön weh.
Ich habe immer noch einen roten Fleck an meiner Fingerspitze.
Mama denkt, dass das eine Blase wird.

Verbrennen tut nicht weh, wenn du tot bist.
Und das ist auch gut so, denn du hast schon mehr als genug
Schmerzen gehabt.
Das ist das einzig Gute daran, dass du tot bist.
Dass du keinen Schmerz mehr spürst.

Noch immer der liebste Papa der ganzen Welt

38   Du bist nicht da.
Jetzt ist es wirklich so.
In dem Moment, als ich unser Haus betrat, wusste ich es.
Papa, du bist weg, wirklich weg.
Nie mehr dein fröhliches Lachen.
Nie mehr dein Atmen.
Nie mehr das Summen von deinem Bett.
Du bist jetzt wirklich verschwunden.
Mama hofft, dass du auf einer kleinen Wolke sitzt.
Irgendwo oben im Himmel.
Und dass du auf uns runtergucken kannst.

Und dass du es sehen kannst, wenn Dajo ein Tor schießt.

Oder wenn ich mein Judoexamen mache.

Vielleicht sitzt du ja auf meiner Schulter.

Gehst den ganzen Tag mit mir mit.

Und ich weiß es dann nicht, weil ich dich nicht sehen kann.

Zum Glück können wir noch miteinander reden.

Stimmt doch, Papa?

Ich finde es schön, mit dir zu reden.

Auch wenn du nichts mehr zurücksagst.

Ich rede weiter mit dir.

Um dir zu erzählen, was so passiert.

Und was alles passiert ist.

Denn du bleibst immer mein Papa.

Und ich weiß, dass du mich hörst.

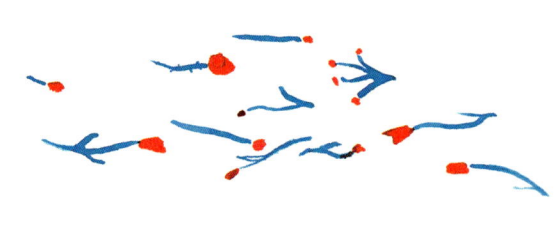

Die Originalausgabe erschien unter dem Titel «Papa, hoor je me?»
2011 bei Uitgeverij Leopold, Amsterdam
www.leopold.nl

«Papa, hoor je me?» © Uitgeverij Leopold, Amsterdam 2011
Text © Tamara Bos 2011
Umschlag & Illustrationen © Annemarie van Haeringen 2011

Deutsche Ausgabe: © 2013 Verlag Freies Geistesleben
& Urachhaus GmbH, Stuttgart

1. Auflage 2013

Verlag Freies Geistesleben
Landhausstraße 82, 70190 Stuttgart
www.geistesleben.com

ISBN 978-3-7725-2516-2
Druck: DZA Druckerei zu Altenburg GmbH, Altenburg
Printed in Germany